AF267887

LES CAQUETS,

COMÉDIE

EN TROIS ACTES EN PROSE;

Représentée pour la premiere fois par les Comédiens Italiens ordinaires du Roi, le 4 Février 1761.

Par M. RICCOBONI.

A PARIS,

De l'Imprimerie de BALLARD, seul Imprimeur du Roi pour la Musique, rue Saint-Jean-de-Beauvais, à Sainte Cécile.

M. DCC. LXI.

Avec Approbation & Permission.

ACTEURS.

ADRIEN, Patron de Barque.

BABET, qui passe pour sa Fille.

Madame GRIFFON, Procureuse.

MANETTE, sa Parente.

DUBOIS, Prétendu de Babet.

M. BELHOMME, Bourgeois, bossu.

MAROTTE, } Cousines d'Adrien,
CATHERINE, } Revendeuses.

ANGELIQUE, Couturiere.

M. RENAUD, Pere de Babet, Négociant.

MENACHEM, Juif.

La Scéne est à Paris.

LES CAQUETS,

COMÉDIE

EN TROIS ACTES EN PROSE.

ACTE PREMIER.

Le Théâtre repréfente une Salle de Compagnie dans la Maifon D'ADRIEN.

SCENE PREMIERE.

Madame GRIFFON, MANETTE, BABET, M. BELHOMME, CATHERINE, MAROTTE, *tous affis en cercle.*

Madame GRIFFON.

LLONS donc, ma petite Accordée, foyez de bonne humeur. On vous donne un Mari que vous aimez ; on va figner le contrat, c'eft le moment d'être gaie.

BABET.

Je ne fçais ce que j'ai, Madame, tout m'inquiéte : ne trouvez-vous pas que M. Dubois & mon Pere tardent bien à venir ?

CATHERINE.

Si vous voulez que je vous le dife, Coufine, ça n'me paroît pas dans l'honnêteté qu'un Fiancé fe faffe attendre le propre jour d'une fignature. Oh ! j'aurois bien voulu que mon Mari fe fût donné de ces airs-là ! Comme j'vous l'aurois rembaré.

BABET.

M. Dubois ne manque pas d'empreffement , ma Coufine, foyez-en fûre , je n'ai pas lieu de m'en plaindre , & tout le monde n'eft pas fi preffé que vous.

MAROTTE.

Comme ça répond !

CATHERINE.

Coufine , montre-nous les préfens , ça nous divertira.

BABET.

Je les attends.

CATHERINE.

Votre Amoureux eft un mal-appris. Ça devroit être fait. J'avois une belle coëffure à vendre l'autre jour ; mais M. Dubois l'a trouvée trop chere.

BABET.

Il ne la trouvoit pas trop chere ; mais il la vouloit neuve.

M. BELHOMME.

En cas de mariage , voilà ce qu'on cherche.

MAROTTE.

Diantre ! Une Demoifelle à équipage s'en eft fort bien accommodée.

M. BELHOMME.

Ces Dames-là s'accommodent de tout.

CATHERINE.

Oh ! les préfens fe font la veille.

MAROTTE.

Oui , les perfonnes d'éducation fçavent ça.

Madame GRIFFON.

Et qui vous a appris comment les perfonnes d'é-ducation fe conduifent ? Dites , ma bonne Marotte.

MAROTTE.

En vérité , Madame , en fait de fçavoir vivre, chacun vaut fon prix. A ça la richeffe n'y fait rien.

CATHERINE.

Pardi ! a de la civilité qui veut.

Madame GRIFFON.

Oui, & de la malice auffi, à ce qu'il me paroît. Il eft fort mal fait à vous autres de vouloir la prévenir contre Dubois, qu'elle aime, qu'elle va époufer, & que je protége, entendez-vous? Ce n'eft pas un Garçon de rien que Dubois, c'eft le Filleul d'un bon Procureur de la Cour, de mon Mari enfin ; un Garçon fage, appliqué, qui a la plus jolie main du monde, & qui fera fon chemin, & dont il ne vous convient pas de mal parler.

MAROTTE.

Mal parler, da ! Je parle comme une autre.

CATHERINE.

Et mieux que bien d'autres.

BABET.

Eh ! laiffons cela , mes Coufines.

Madame GRIFFON.

Vous avez là des parentes qui ne vous reffemblent guéres, ma chere Babet. Vous êtes douce, polie, aimable, vous.

MAROTTE.

Entends-tu, Catherine ?

CATHERINE.

Il faudra nous corriger , Marotte.

MAROTTE.

Oui , pour être aimables.

Madame GRIFFON.

Vous devriez être honnêtes du moins, & votre métier de Revendeufes à la toilette vous approche des perfonnes qui le font.

CATHERINE.

Métier ! Qu'appellez-vous métier ? Nous fommes Marchandes.

MAROTTE.

Quant à l'égard du métier , chacun a le fien ; je

ne voudrois pas troquer contre de certaines gens. Il vaut mieux accommoder des familles de ce qui leur manque, que de les ruiner, par exemple.

CATHERINE.

Attrape.

M. BELHOMME.

Ça eſt un peu fort.

Madame GRIFFON *ſe levant.*

Babet, je ſuis venue ſigner à votre Contrat, parce que vous m'en avez priée. Mamſelle Manette m'a été confiée par ſes parens, & je vous l'ai amenée pour vous faire honneur ; mais on ne s'attend pas à ſe voir confondre avec de petites gens. Sortons, ma chere Manette.

BABET.

Eh ! Madame, ne prenez pas garde à elles ; je vous demande pardon de leur impertinence.

MAROTTE.

Elle eſt obligeante, la Couſine.

Madame GRIFFON.

Je veux m'en aller.

MANETTE.

Et moi auſſi, je vous aſſure.

CATHERINE.

Range-toi, Marotte, que ces Dames paſſent.

MAROTTE.

Me ranger ? Ah ! oui.

M. BELHOMME.

Ce quartier-ci n'eſt pas encore trop bien policé, Madame, il faut paſſer bien des choſes.

SCENE II.

Les Acteurs précédens, ADRIEN, DUBOIS.

ADRIEN.

TOut eſt fini, tout eſt arrangé. Baiſe-moi, Madame la Mariée. Allons, de la joie. Ah ! Meſdames, excuſez ; je n'ai vu d'abord que ma Fille,

& je ne m'attendois pas à l'honneur que vous lui faites.

MAROTTE.

Bon jour, Cousin.

CATHERINE.

Avancez donc, Monsieur Dubois.

ADRIEN.

Si j'avois imaginé trouver si bonne compagnie, je n'aurois pas tardé si long-tems à venir.

MAROTTE.

Quand est-ce qu'il nous parle ?

Madame GRIFFON.

Approchez donc, Monsieur Dubois, venez vous asseoir auprès de Babet.

DUBOIS.

C'est mon dessein ; mais je voudrois saluer Madame Griffon, & vous aussi, si vous me le permettez.

Madame GRIFFON *l'embrassant.*

Cela est juste.

MAROTTE.

Doucement, Babet sera jalouse.

BABET.

Vous avez bien tardé, Dubois ?

DUBOIS.

Ce n'est pas ma faute, je vous l'assure.

MAROTTE.

Et à nous rien.

CATHERINE.

J'ai vu le tems que dans les assemblées on faisoit politesse aux parens.

M. BELHOMME.

Chacune aura son tour.

CATHERINE

Son tour ? eh ! mais vraiment.

MAROTTE.

Attendre son tour, des Cousines germaines ?

M. BELHOMME.

Il faut faire place à notre ami Dubois.

MANETTE.

Et qu'il soit auprès de Babet.

ADRIEN.

Reculez-vous un peu, Marotte, & vous auſſi, Catherine.

CATHERINE.

Je ne recule jamais.

MAROTTE.

Ni moi non plus, je m'en vante.

ADRIEN.

Mais encore faut-il bien qu'il trouve place.

BABET.

Allons donc, mes Couſines, faut-il vous le dire deux fois?

MAROTTE.

Et pourquoi donc nous déranger plutôt que les autres?

ADRIEN.

Parce qu'il faut céder à qui il appartient. Ces Dames méritent des égards, elles nous honorent de leur compagnie, & nous leur devons de la reconnoiſſance & du reſpect.

CATHERINE.

Oh! je ne ſuis pas reſpectueuſe, moi.

MAROTTE.

Ces Dames vous honoreront tant qu'il vous plaira; mais je ne bougerai pas, j'en jure.

CATHERINE.

Nous avons de la tête, Couſin.

BABET.

Oh! comme je m'impatiente!

DUBOIS.

Ne vous fâchez pas, ma chere Amie.

Madame GRIFFON.

Voilà de ſottes créatures.

MANETTE.

Et qui ſe méconnoiſſent bien aſſurément.

MAROTTE.

En tout cas, nous connoiſſons bien les autres.

ADRIEN.

Vous ne voulez pas vous taire? Qu'eſt-ce donc
que

que les airs que vous vous donnez ? Prétendez-vous
égaler ces Dames ?

Madame GRIFFON.

Ah ! Tout au moins, je vous le proteste.

MAROTTE.

Oh ! que non, Madame, je ne m'égalise qu'à mes
pareilles. En v'là encore d'une bonne, s'égaliser !
Madame est Procureuse, on l'y accorde ça ; mais
elle ne l'a pas toujours été. On fait du chemin quand
on prend des traverses, & qui ne craint pas les or-
nieres va bien loin.

CATHERINE.

C'est bien tapé, ça.

Madame GRIFFON.

Que veulent dire ces insolentes-là ?

CATHERINE.

Eh ! mais, cela est clair. Aller de travers, tout le
monde entend ça. Si j'avois voulu faire fortune. Mais
l'honneur par-dessus tout, voyez-vous.

ADRIEN.

Au diable les impertinentes.

MAROTTE.

Grand merci, cousin. C'est beau de faire affront à
sa famille pour plaire à des bégueules pomponnées.
Est-ce qu'on ne se connoît pas ? Si je voulois parler ;
mais je suis bonne, & je sçais me taire. Une femme
a un mari, cela répare tout ; s'il ne l'étoit pas, il l'est
devenu : on a une Charge, c'est un relief ; si on la
doit, si on ne la doit pas, est-ce mon affaire ? Je suis
discrette ; vraiment si je ne l'étois pas, plus d'une
personne auroit le nez bien alongé. Je ne parle pas
du marié, da ; c'est un bon garçon, pas trop honnête
à la vérité. Ça vous entre dans une parenté la tête la
premiere, sans dire gare ; mais c'est jeune, ça se
fera. Ma cousine Babet, je souhaite, que vous vous
trouviez bien en ménage, je ne veux pas vous faire
tort. Quand je ne danserai pas à votre noce, je n'én
serai pas moins Marotte Lebrun.

CATHERINE.

Ni moi Catherine Gellé, pas moins que ça, ma cousine Babet.

BABET.

Mais êtes-vous folles ? que vous a-t'on dit ? pourquoi vous fâcher ! Restez.

CATHERINE.

Non, non, cousine, ne vous gênez pas ; les mélanges sont toujours mauvais. Il y a trop de différence de ces Dames à nous.

MAROTTE.

S'il y en a, ça ne nous fait pas de tort, Catherine : je suis connue fille, je suis connue femme, je suis connue veuve ; j'ai de la réputation dans mon quartier, & de l'argent dans ma poche ; avec cela on va tête levée.

ADRIEN.

Un moment : je ne veux pas que dans un jour fait pour la joie on puisse me reprocher de m'être brouillé avec mes cousines. Embrassons-nous, faisons la paix, soyez honnêtes & restez, je vous en prie.

Madame GRIFFON.

Comment ! vous les retenez après leur insolence ? Allons, Mamselle Manette, sortons ; comme dit mon mari : en fait de noce, *rubi pare*, c'est-à-dire, qu'il ne faut pas s'encanailler.

MANETTE.

Adieu, ma chere Babet, je suis bien fâchée de vous quitter : adieu, M. Dubois.

DUBOIS.

Quoi ! Mesdames, vous voulez nous laisser ? Je suis désolé.

M. BELHOMME.

Quand une fois la querelle est entamée chez les Dames, ça ne se raccommode pas.

Madame GRIFFON.

Je veux partir tout-à-l'heure.

ADRIEN.

Je vous prie d'excuser.

DUBOIS.

Permettez·que je vous donne la main.

BABET.

Madame , Mademoiſelle ，je n'obtiendrai donc rien ? Oh ! les méchantes confines que j'ai là.

Les Dames s'en vont , on les reconduit.

SCENE III.

MAROTTE, CATHERINE.

CATHERINE.

LEs v'la partis, ma foi le champ de bataille nous reſte.

MAROTTE.

Babet fait bien la Madame ; elle époufe un petit Commis , ça peut aller loin ; mais en attendant il faut avoir un bon cœur pour fes proches : il eſt aſſez tems de les renier quand on a fait fortune.

CATHERINE.

C'eſt bien dit ça. Je ne fçais où tu prens de l'efprit , Marotte ; mais tu n'en manques pas.

MAROTTE.

Où je le prends ? Je vends de vieux Livres.

CATHERINE.

Pourquoi pas de tous neufs ?

MAROTTE.

Bon , ça ne dure rien.

SCENE IV.

ANGELIQUE, MAROTTE, CATHERINE.

ANGELIQUE.

AH ! c'eft vous , Catherine , & Marotte auffi ; où eft Mamfelle Babet ?

CATHERINE.

Elle va revenir ; que portez-vous là ?

ANGELIQUE.

C'eft la robe de nôce , je viens l'effayer.

CATHERINE.

Voyons , voyons.

MAROTTE.

Pefte ! du fond blanc , du cannelé , du broché , des manchettes aux manches , une doublure à la piéce ! Adrien eft bien imbécile.

CATHERINE.

C'eft fa fille après tout , & puis on ne fe marie pas tous les jours.

MAROTTE.

Sa fille ? Eh oui dà.

CATHERINE.

Elle prend un ton à ruiner Dubois.

ANGELIQUE.

Oh ! ne me parlez pas de Monfieur Dubois ; c'eft un méchant , un infidéle , un traître ; je ne fçais comment j'ai pû me réfoudre à faire cette robe-là : chaque point d'aiguille me perçoit le cœur.

CATHERINE.

L'étoffe eft donc bien dure.

ANGELIQUE.

La pauvre Babet n'en fçait rien , ce n'eft pas fa fa faute. Mais quand j'y fonge , je ne fçaurois m'empêcher de pleurer.

CATHERINE.

C'eſt donc ſérieux. Eſt-ce que Dubois par malheur.

ANGELIQUE.

Ah! Catherine, je ne ſuis point fille à être ſoup-
çonnée de malheurs. M. Dubois m'a recherchée ; j'aurois été ſa femme ſi j'avois eu de l'argent ; mais je
n'ai que de la ſageſſe, & la vertu d'une fille n'eſt propre à rien, voyez-vous. Enfin il en épouſe une autre,
& j'en ferai affligée plus d'un jour.

MAROTTE.

La pauvre fille ! ça eſt triſte, Catherine. Là, contez-nous votre chagrin, Mamſelle Angélique, autant
vaut s'amuſer de ça que d'autre choſe.

CATHERINE.

J'aime les hiſtoires d'amour, il y a toujours à pro-
fiter.

ANGELIQUE.

Ce n'eſt point une hiſtoire amoureuſe ; c'eſt de l'in-
clination ſeulement. Les hommes ſont plus méchans
que des ours, & ſi l'on faiſoit bien…. Mais c'eſt
que cette maudite tendreſſe vous prend tout d'un coup
de la tête aux pieds comme une migraine. On eſt dans
ſa chambre paix & aiſé, un Monſieur que l'on connoît, & ſi que l'on ne connoît pas aſſez, vous fait
des honnêtetés ; on y répond bonnement ; il vous
trouve agréable, on voit qu'il eſt bien fait ; il a de
l'attention, cela donne de l'amitié ; il dit des jolies
choſes, on les écoute ; il fait des complimens, cela
flatte ; il eſt toujours là, on s'accoutume à le voir :
l'habitude s'y met, le plaiſir s'y rencontre : puis
vient le ſérieux : ce Monſieur qui vous faiſoit rire
commence à vous faire pitié. Il lui paſſe cinquante
fantaiſies par la tête, c'eſt comme une folie ; il a des
volontés, on l'envoye promener ; il boude, cela in-
quiette ; il ſe plaint, ſon chagrin vous touche ; on
s'attendrit, on ſe brouille par raiſon, on ſe racommode par bonté, & avec tout cela le cœur d'une
fille s'attache, & puis au fait & au prendre un per-
fide vous laiſſe là. Voilà pourtant ce que c'eſt que
l'amour.

CATHERINE.

Elle a raifon d'être fâchée. Il ne faut pas qu'un homme fe racommode, pour fe brouiller tout-à-fait après.

ANGELIQUE.

Enfin je ferois Madame Dubois, fi Babet n'avoit pas deux mille écus en mariage.

MAROTTE.

Deux mille écus ! il faut qu'Adrien foit fou de fe ruiner comme ça pour une morveufe qui peut-être n'eft feulement pas de la famille.

ANGELIQUE.

Quoi la fille d'Adrien n'eft pas de la famille ?

CATHERINE.

Elle eft folle.

MAROTTE.

Oh ! je fçais bien ce que je dis. C'eft fa fille ; & fi ce ne l'eft pas, voyez-vous, il y a un deffous de cartes à ça qui vous paffe toutes les deux.

CATHERINE.

Bon ! & qu'eft-ce que ça fait ? Pardi fi on s'avifoit de douter de fon Pere, il n'y auroit plus de fiatte à rien.

ANGELIQUE.

Ah ! ma chere Marotte, contez-nous cela je vous en prie.

MAROTTE.

Oh ! vraiment oui, que je vous conte. Me prenez-vous pour une bavarde ? Je ne ferois pas un caquet pour tous les biens du monde. Une femme qui a de la langue me feroit fuir à cent lieues, ça mettroit une ville fans deffus deffous, ce n'eft pas là mon défaut ; je fçais ce qu'il faut dire & ce qu'il faut taire ; oui ma foi, vous avez bien trouvé votre caufeufe.

CATHERINE.

Falloit donc te taire tout-à-fait. On ne met pas les gens dans le foupçon pour rien.

ANGELIQUE.

Oh ! je vous le demande en grace : parlez.

MAROTTE.

Impoſſible. C'eſt un ſecret confié. Il n'y avoit que
ma mere qui le ſçut : en mourant elle me l'a dit. On
n'enterre pas ces choſes-là. Depuis je ne l'ai dit qu'à
mes belles-ſœurs & à quelques-unes de mes amies ,
parce que cela venoit à la converſation : car du reſte
on ne me fait pas parler.

ANGELIQUE.

Eh ! mais , nous valons bien les autres. D'abord je
ſuis diſcrette.

CATHERINE.

Et moi pour le ſecret ! j'en ai gardé un plus de huit
mois.

MAROTTE.

Oh ça , vous n'en parlerez pas ?

ANGELIQUE.

Oh ! jamais.

CATHERINE.

Un ſecret ! j'aime ça , moi.

MAROTTE.

Il faut que vous ſçachiez qu'Adrien avoit épouſé
une fille par amour. Ça vous étoit joli , fringuant ,
alerte , un port de Reine , un caquet. Oh ! c'étoit une
maîtreſſe poulette. Tant qu'Adrien demeuroit à la
maiſon , tout alloit bien ; mais pendant qu'il condui-
ſoit ſes bateaux à Rouen , c'étoit des promenades ,
des colations , le bal du matin au ſoir , des Madames
à panier , des Officiers d'armée , un train.... enfin elle
a bien fait parler d'elle.

CATHERINE.

Je ne ſçavois pas ça , par exemple. Après.

MAROTTE.

Eh bien , v'la qu'Adrien devint jaloux comme un
tigre , & qu'il prit le parti de mener ſa femme avec
lui. Ils avoient une petite fille qui mourut à Rouen.
Ma mere y étoit qui a vu tout ça. Vlà qui eſt bien ,
elle eſt morte. Point du tout , ſix ſemaines après ,
Adrien s'en revient avec ſa fille comme ſi de rien
n'étoit.

ANGELIQUE.

Avec sa fille morte ?

MAROTTE.

Eh non pas. Avec Babet d'à-préfent qu'il a mis à la place de celle qui n'y étoit plus. Deux ans après sa femme mourut. Babet eft demeurée la maîtreffe de la maifon. Après tout, il y a des parens plus proches que Babet, & cela nous fait tort, n'eft-ce pas ?

CATHERINE.

Et mais vraiment. Mais en es-tu bien fûre de ça ?

MAROTTE.

Ma mere y étoit, je vous dis ; & puis pour en être plus fûre, j'ai fait venir le papier de la petite fille ; tenez, le voilà.

CATHERINE.

Voyons. Diantre ! on pourroit faire des affaires à Adrien, oui.

ANGELIQUE.

Mais où a-t-il pris Babet ? Qui eft-elle ?

MAROTTE.

V'là mon embarras. Elle pourroit bien être à lui, & n'y être pas d'une certaine façon. Si ce n'eft que Babet eft fiere, & qu'elle s'en fait trop accroire, on n'auroit rien à dire. De droite ou de gauche, il faut que tout le monde vive. J'ai bon cœur, j'aime mon prochain, je ne dis rien fur perfonne ; ainfi je vous recommande bien de vous taire. Il faut laiffer les chofes comme elles font.

ANGELIQUE.

Ah ! n'ayez pas peur que j'en parle ; mais puifque cela eft ainfi, Babet n'a qu'à venir affayer fa robe au logis. Je lui ferai dire par mon aprentiffe que je ne vais pas chez tout le monde.

CATHERINE.

Si j'avois fçu ça tout à l'heure ! je lui aurois bien dit, fans faire femblant de rien, qu'un enfant trouvé ne doit pas le prendre fi haut. Ah ! Pardi qu'elle y revienne ?

MAROTTE.

Avez-vous le diable au corps toutes les deux, vous

m'avez

m'avez promis de vous taire, & voilà déjà vos langues maudites en train de jaſer.

ANGELIQUE.

Mais ſi le pere à Dubois ſçavoit cela, j'aurois de
l'eſpérance que le mariage ne ſe feroit pas, & peut-
être qu'alors Dubois me reviendroit. Je vais chez
Madame Griffon pour achever ſa robe. Je ne lui dirai rien, à moins qu'elle ne m'en parle.

MAROTTE.

Ecoutez, Mamſelle Angelique, une Fille d'honneur n'a que ſa parole, & ſi vous manquez à la votre, vous verrez beau jeu. C'eſt à moi que vous aurez
affaire, entendez-vous.

ANGELIQUE.

Et que ferez-vous ?

MAROTTE.

Vous le verrez.

CATHERINE.

Ah ! te voilà. Le feu te monte bien vîte à la tête.
Tu avois bien affaire de nous embarraſſer de ton ſecret. On écoute une hiſtoire ; c'eſt pour s'orner l'eſ-
prit, pour ſe faire honneur dans une compagnie, en
racontant ce que l'on ſçait. Ne rien dire, vaudroit
autant ne rien ſçavoir.

MAROTTE.

Parlez donc, parlez bavardes ; mais prenez garde
à vous. La premiere de vous deux qui me met en
jeu, s'appercevra que j'ai deux mains, ſongez-y.

ANGELIQUE.

Je voudrois bien le voir ?

CATHERINE.

Venez, venez, Mamſelle Angelique, n'ayez pas
peur ; Marotte eſt vive, mais c'eſt une bonne Femme. Elle a une langue de chien, mais pour le cœur
c'eſt une Reine.

ANGELIQUE.

Adieu, Catherine ; ne parlez pas de mes amours,
au moins.

CATHERINE.

Pas plus que de l'hiſtoire à Babet.

Fin du premier Acte.   G

ACTE II.

Le Théâtre repréfente une petite place, où l'on voit la Maifon de Madame Griffon.

SCENE PREMIERE.

Madame GRIFFON , DUBOIS.

Madame GRIFFON.

OUI, mon cher Dubois , la chofe eft fure. Je fuis fâchée de vous l'apprendre ; mais Babet n'eft point fille d'Adrien. Ses parens vont faire de l'é-clat , j'en fuis avertie. Votre Pere en nous envoyant fon confentement s'eft repofé fur moi ; je l'ai déjà prévenu que je n'en ferois point ufage ; dans l'inftant je viens de lui écrire que tout étoit changé. Je vois à votre air que ce contretems vous afflige.

DUBOIS.

On ne peut d'avantage , Madame ; j'aime tendre-ment Babet, je fuis fûr de fon cœur ; je ne fuis pas né moi-même dans un état aflez élevé pour tenir beaucoup à la naiffance d'une femme : mais je fens bien que mon Pere penfera différemment. Peu de momens ont bien changé ma fituation. Si je n'époufe pas Babet, je fuis malheureux pour toute ma vie. Mais d'où tenez-vous cette nouvelle ?

Madame GRIFFON.

Suffit qu'elle eft très-vraie. Mais vous m'étonnez , Dubois ; eft-il poffible qu'un jeune homme bien élevé foit fi foibe ? Malheureux pour toujours ! Quel dif-cours ! Apprenez que pour être quelqu'un dans le monde il faut , s'attacher à fon intérêt feulement. Ce-lui qui aime beaucoup les autres perd une partie de

l’attention qui lui eft néceffaire pour lui-même. Faire-
fa fortune d’abord, fe livrer au plaifir enfuite : voilà
comme fe conduifent les gens fenfés. Vous aimiez
Babet, elle vous convenoit, elle ne vous convient
plus, il faut en aimer une autre.

DUBOIS.

Oh ! jamais, jamais Madame. Si vous fçaviez
combien elle a d’efprit, de fentiment ; un cœur
excellent, pas la moindre vanité ; elle m’aime de
bonne-foi ; comment renoncer au bonheur que j’ef-
pérois avec elle ? Quand elle perdroit tout le refte, fa
tendreffe & fes bonnes qualités m’attacheroient pour
toujours à elle. Non, je ne quitterai point Babet.
Mais Madame, encore un coup, de qui tenez-vous
ce que vous m’apprenez ?

Madame GRIFFON.

D’une perfonne qui le fçait très-bien. Mais vos
queftions font malhonnêtes ; elles marquent premie-
rement que vous doutez de ce que je vous dis, &
puis que vous me croyez capable de trahir la confiance de ceux qui m’ont inftruite, cela eft plaifant.
Mêlez-vous de faire du bien aux gens, voilà le gré
qu’ils vous en fçavent. Je vous trouve bien fingulier
de m’interroger de la forte. Suffit que je le fçai, que
je l’ai écrit à votre Pere, que mon mari vos empê-
chera bien de vous marier. Et vous aurez la bonté de
vous en rapporter à lui. Je vais lui dire avec quelle
reconnoiffance vous nous récompenfez de nos foins.

SCENE II.

DUBOIS *feul.*

ELle eft folle, mais fon humeur me touche peu.
Babet, ma chere Babet, pourrois-je renoncer
à toi ? Que ne fuis-je mon maître, je lui prouverois
dans l’inftant que je n’aime rien autant qu’elle. Mais
la voici.

SCENE III.
DUBOIS, BABET.

BABET,

IL faut donc que je vous cherche ? Vous ne revenez pas. Mais quel air rêveur ! Qu'avez-vous donc, mon cher Dubois ? Est-ce l'impertinence de ces femmes qui vous chagrine ? Ce sont mes cousines, il est vrai ; mais quand elles me seroient encore plus proches , je ne les verrai plus si vous le voulez. Demain, mon cher Dubois , tout le monde me sera bien indifférent, je n'y verrai plus que vous.

DUBOIS.
Demain, ma chere Babet, hélas !

BABET.
Vous soupirez, vous paroissez triste , votre chagrin me désespére ; parlez donc , dites-moi ce que vous pensez ?

DUBOIS.
Ce que je pense.

BABET.
Oui ; ouvrez-moi votre cœur, le mien est tout troublé.

DUBOIS.
Ah ! Babet , si vous sçaviez ce qu'on vient de me dire.

BABET.
Quoi ?

DUBOIS.
Mon Pere ne voudra plus.....

BABET,
Comment ! il ne voudra plus.....

DUBOIS.
Le votre auroit bien dû.....

BABET.
Après ; expliquez-vous.

DUBOIS.

Mon amour pour vous eſt vif, il eſt tendre, il durera toujours ; mais.....

BABET.

Ah ! je ne reſpire pas ; quelle inquiétude vous me donnez ! dites donc ?

DUBOIS.

Que dire ! je ſuis au déſeſpoir.

BABET.

Ah ! comme le cœur me bat ; eſt-il arrivé quelque choſe ? Ne me tenez pas en ſuſpens , votre ſilence me tue.

DUBOIS.

Modérez-vous , ma chere amie. Je vais vous apprendre ce qu'on vient de me dire. Mais ne vous fâchez pas.

BABET.

Que peut-on dire ? Je ſuis honnête fille.

DUBOIS.

Oui , ſans doute.

BABET.

Je vous aime de tout mon cœur.

DUBOIS.

J'en ſuis certain ; mais ....

BABET.

Finiſſez donc.

DUBOIS.

Adrien .....Je n'ai pas la force de parler.

BABET.

Lui eſt-il ſurvenu quelque affaire? eſt-il ruiné, malade , mort? parlez donc.

DUBOIS.

On dit, ma chere Babet , que vous n'êtes pas ſa fille.

BABET.

Bon ! & qui eſt la bête qui le dit ? Voilà une bonne hiſtoire. Tranquiliſez-vous ; je ſuis la fille de mon Pere, j'en ſuis ſûre. Quelque maudite langue veut nous brouiller. Oh ! ſi c'eſt là tout, mon cher Dubois , rien n'eſt plus aiſé à éclaircir. Allons , point de triſ-

teſſe, & dites-moi d’où vous ſçavez cette ſotte nouvelle.

DUBOIS.

Je vous le dirai, mais à une condition ; c’eſt que
vous n’en parlerez pas.

BABET.

Oh ! ſûrement. C’eſt à mon Pere à confondre cette
impoſture. Mais dites-moi, Dubois ; ſi je n’étois pas
la fille d’Adrien, eſt-ce que vous renonceriez à moi ?

DUBOIS.

Ma chere amie, renoncer à vous ! Non, jamais ;
mais ſi vous êtiez ce que l’on dit..... Je n’ai que vingt
ans, & mon Pere pourroit....

BABET.

A merveille, Monſieur Dubois. C’eſt une bonne
excuſe qu’un Pere. Mais, vois-tu bien, ſi je te croyois
capable de me quitter pour quelque raiſon que ce
fût, tiens, je t’arracherois ces deux vilains yeux-là
que j’aime mille fois mieux que les miens.

DUBOIS.

Te quitter, toi, Babet ? Je renoncerois à tout
plutôt qu’à ma chere petite amie. Ce maudit caquet
va retarder notre bonheur. Madame Griffon s’eſt
aviſée d’écrire à mon Pere.

BABET.

Ah ! ah ! c’eſt donc Madame Griffon qui s’ingére
de débiter ces viſions-là ?

DUBOIS.

Ne lui dites rien, je vous le demande en grace.

BABET.

J’en ferois bien fâchée. Je m’en vais ſeulement lui
demander quel démon la poſſede d’inventer des choſes
pareilles.

DUBOIS.

Ah ! je ſuis perdu. Vous l’irriterez contre moi, elle
aigrira mon Pere.

BABET.

Elle fera ce qu’elle voudra, j’en aurai le cœur net.

DUBOIS.

Quelle obſtination ! La voici ; je me retire ; quel

personnage ferois-je entre vous deux ! Babet fi vous m'aimez, au moins ne me nommez pas.

BABET.

Oh ! je n'ai garde.

SCENE IV.

BABET, Madame GRIFFON.

BABET.

MOnfieur Dubois qui me quitte, m'a dit, Madame, que vous lui avez fait de plaifans contes. Pour une Dame comme vous, cela n'eft gueres bien de vouloir mettre la divifion entre un Fiancé & une Accordée.

Madame GRIFFON.

Qu'eft-ce que c'eft donc que le ton de cette petite fille ? Eft-ce à moi que vous parlez, Babet ?

BABET.

Affurément. Quoique jeune, j'ai du cœur, de l'honneur, & je ne prétens pas être infultée de perfonne. Comment, dire que je ne fuis pas la fille d'Adrien ! où avez-vous pris cette belle idée-là, Madame ?

Madame GRIFFON.

Ecoutez, Babet, vous êtes très-impertinente, & vous ne méritez pas que je vous réponde : mais comme les perfonnes d'une certaine façon ne s'embarraffent gueres de gens de votre efpece, je ne me tiens point offenfée par Babet. Ainfi, mon enfant, je veux bien vous dire que c'eft Angélique qui m'a affuré qu'Adrien avoit eu une fille unique, qu'elle étoit morte à Rouen, & qu'elle en avoit vû la preuve : ainfi, ma petite amie, cherchez votre pere, & ne venez pas faire la gentille avec nous.

BABET.

Angélique ! ah, l'impertinente ! Votre fervante, Madame.

Madame GRIFFON.

Où courez-vous ?

BABET.

Chez Angélique, & je vais la traiter d'impor-
tance.

Madame GRIFFON.

Si vous voulez lui parler, elle est ici qui acheve
de me garnir une robe ; je vais l'apeller.

BABET.

Apellez-la, Madame, je vous en prie.

Madame GRIFFON.

Qu'on faffe defcendre Angélique. Mais fi vous
êtes reconnoiffante des bontés que j'ai pour vous, ne
lui dites pas que c'eft moi qui vous ai confié cela.

BABET.

Oh ! non, ne craignez rien.

SCENE V.

Madame GRIFFON, BABET, ANGELIQUE.

BABET.

VOus voilà, Mamfelle : je fuis bien malheureufe,
moi qui vous ai toujours fait mille honnêtetés,
d'aprendre que vous dites de moi des chofes ef-
froyables.

ANGELIQUE.

Moi ! je n'ai jamais mal parlé de vous ni de perfonne.

BABET.

Pourquoi donc allez-vous dire à Madame que la
fille d'Adrien eft morte, & que ce n'eft pas moi ?

ANGELIQUE.

Pardi, Madame, vous êtes bien difcrette, & vous
me faites-là de belles affaires avec vos raports.

Madame GRIFFON.

Raports ? Ces créatures-là font d'une infolence !
Eft-ce un raport que de dire à cette pauvre fille à
qui elle doit s'adreffer pour fçavoir qui elle eft ?

Je

Je suis bonne, elle est chagrine, j'en ai compassion ; & une sotte comme vous apelle cela faire des raports ?

BABET.

Mais par quelle raison inventer des choses comme celles-là ?

ANGELIQUE.

Je ne suis pas capable d'inventer, Mamselle, & j'ai vû & tenu ce papier, qui est si griffonné que je n'en ai pas pû lire un mot : & je ne suis pas la seule ; Catherine l'a vû tout comme moi.

Madame GRIFFON.

Cela paroît très-positif.

BABET.

Mais qui est-ce qui vous l'a montré ce papier ; & que veut-il dire ?

ANGELIQUE.

C'est votre cousine Marotte qui le fait voir à tout le monde, & qui dit que c'est votre enterrement. Je n'en impose pas, & je ne suis pas un mauvais esprit ; Madame peut me rendre justice, & Monsieur Dubois aussi.

Madame GRIFFON.

A quoi pensez-vous, Babet ?

BABET.

A cette détestable Marotte ; c'est sûrement elle qui pour se venger de tantôt a forgé cette fausseté. Oh ! si je la tenois.

ANGELIQUE.

La voici qui vient avec Catherine. Ma chere Babet ne me mettez pas en jeu, d'abord Marotte l'a dit à bien d'autres.

SCENE VI.

Madame GRIFFON, BABET, ANGELIQUE,
MAROTTE, CATHERINE.

BABET.

C'Eſt donc vous, ma couſine, qui avez l'effronte-
rie...

MAROTTE.

A qui en a c'te mijaurée-là ?

BABET.

Qu'avez-vous dit à Angélique ?

CATHERINE.

Oh, la langue ! on l'y avoit tant recommandé.

ANGELIQUE.

Moi, je n'ai rien dit, c'eſt Madame.

Madame GRIFFON.

N'eſt-ce pas vous qui m'avec conté ...

ANGELIQUE.

Catherine, là, de bonne foi, n'eſt-ce pas Marotte ? ...

CATHERINE.

Chut....

BABET.

Mais expliquez-moi donc cette noirceur, cette méchanceté. Pourquoi dire que je ſuis morte, & que mon
pere n'eſt pas mon pere ?

MAROTTE.

V'là bien du train pour pas grand'choſe ; c'eſt mamſelle Angélique qui eſt amoureuſe de Dubois, & qui
a été dire tout ça pour le r'avoir.

Madame GRIFFON.

Ah, cela eſt horrible ! & me mettre dans ces ca-
quet-là, moi, une femme comme moi !

ANGELIQUE.

Madame, je ne l'ai point inventé. Mais parlez
donc, Catherine, vous y étiez.

BABET.

Comment, elle aime Dubois ?

MAROTTE.

Pardi, il lui donnoit des bouquets, du plaisir des Dames : demandez à Catherine.

CATHERINE.

Tiens, Marotte, t'es trop mauvaise. Il est bien vrai que la pauvre fille en est férue, & que Monsieur Dubois, par-ci, par-là, à ce qu'elle nous a dit . . . . Mais ne te fâche pas, Babet : il ne s'agissoit pas de mariage. Quant à l'égard du papier, ça est vrai, ca, ma pauvre fille, on t'a enterrée à Rouen ; mais faut examiner ça : tu ne serois pas la premiere qu'on auroit enterrée à faux. Du tems que ma grand'mere se maria : faut que je te conte ça.

BABET.

Eh ! laisse-nous en repos avec tes contes.

Madame **GRIFFON**, *en s'en allant.*

Je vous plains bien, ma chere Babet.

ANGELIQUE, *rentrant.*

Cela est bien vilain, toujours, de mettre une honnête fille dans vos Caquets, & de la faire passer pour ce qu'elle n'est pas. Vous me le payerez, Marotte, & vous aussi, Catherine.

CATHERINE, *s'en allant.*

Je te l'ai toujours dit, Marotte, tu as la langue trop longue, ça te donnera du tintoin. Que ne fais-tu comme moi : j'entends tout, je ne dis mot, & tout le monde m'aime. Votre servante, Babet.

MAROTTE.

Tenez, Babet, vous me croirez si vous voulez ; mais je veux que ça me serve de poison si j'ai eu dessein de vous faire de la peine. Je ne sçai pas comment ces masques-là s'y sont prises pour me faire parler, car pour l'ordinaire je suis le secret même. Mais dame aussi, vous êtes haute, gaussheuse, le monde s'en fâche, & puis quand on est en colere on ne prend pas garde à ce qu'on dit.

SCENE VII.

BABET, MAROTTE, DUBOIS, M. BELHOMME.

BABET.

AH, mon cher Dubois, je suis perdue, désolée ! Que deviendrai-je ?

DUBOIS.

Nous cherchons Adrien par-tout, sans pouvoir le trouver.

M. BELHOMME.

Ces propos-là sont bien singuliers, & je ne sçai qu'en penser : mais Adrien sçait le fond de tout cela.

BABET.

Ce que l'on a dit n'est que trop vrai, je le vois bien, je ne suis pas sa fille.

M. BELHOMME.

Adrien hier au soir me tenoit de certains discours à me faire entendre qu'il n'étoit pas votre pere: j'ai pris cela d'abord pour quelque chose de tout simple ; mais, diantre, cela devient férieux.

MAROTTE.

Ce qu'il y a de pis à tout ça, c'est que les parens voudront revenir sur l'héritage, ça me mortifie pour elle.

BABET.

Mais si je ne suis pas fille d'Adrien, qui suis-je donc ?

M. BELHOMME.

Voilà ce qui m'embarrasse : puisqu'Adrien n'en a jamais parlé, il faut que cela ne soit pas bon à dire.

BABET.

Dubois, vous ne voudrez plus de moi.

DUBOIS.

Ah, ma chere Babet, je n'en aurai jamais d'autre ! mais mon pere est le maître.

M. BELHOMME.

Vous me faites pitié, mes enfans ; j'ai toujours aimé cette petite Babet ; je ne sçaurois me réfoudre à la voir malheureufe. Ecoutez, il y a bien des façons de s'arranger. Je fuis garçon, je ne fuis pas jeune ; par votre contrat de mariage, je la ferai mon héritiere : j'ai cinq bonnes mille livres de rente, & puis encore quelque chofe : fi votre pere ne s'accommode pas de cela, il fera de bien mauvaife humeur.

BABET.

Ah, Monfieur, quelle bonté !

MAROTTE.

Oh ! mes enfans, voilà qui arrange tout. Pefte, cinq milles livres de rente ! on fait bien d'autres mariages pour moins d'argent.

DUBOIS.

Mon pere fe rendra peut-être à cette propofition. Monfieur je vous devrai tout le bonheur de ma vie ; comment pourrai-je reconnoître ce que vous faites pour moi ?

M. BELHOMME.

Bon, ce n'eft qu'après ma mort ; cela ne me coûte pas un fol.

SCENE VIII.

Les Acteurs précédens, ADRIEN.

BABET,

AH, mon pere, mon cher pere ! eft-il bien vrai que je ne fuis pas votre fille ?

ADRIEN.

Puifque cette babillarde de Marotte a tout divulgué, à ce qu'on vient de me dire, il faut l'avouer : non, Babet, je ne fuis pas votre pere.

BABET.

Eh ! de qui fuis-je donc fille ?

ADRIEN.

Patience : depuis plus de dix ans j'ai cru votre pere mort, faute d'en avoir reçu aucune nouvelle. Mais je viens d'apprendre qu'il eft à Paris, & qu'il s'informe partout de ma demeure.

MAROTTE.
C'eſt un homme comme il faut, ſans doute ?
ADRIEN.
C'eſt un homme qui vaut bien mieux que moi : tu feras contente, ma chere Babet, & Dubois ſera trop heureux de prendre en mariage la fille d'un des riches négocians de l'Inde.
MAROTTE.
Un riche négociant ! Je m'en vais le dire à tout le monde, ça fera du bruit dans le quartier.

Elle ſort.
M. BELHOMME.
On retrouve partout ſes parens quelquefois.
BABET.
Ah, Monſieur ! vous me rendez la vie.
ADRIEN.
Juge de ma ſatisfaction, par la tendreſſe que je t'ai toujours montrée en t'élevant comme ma fille.
BABET.
Oui, vous ſerez toujours mon pere.
M. BELHOMME.
Rentrons, vous nous conterez tout cela auprès du feu.

Fin du ſecond Acte.

ACTE III.

Le Théâtre repréſente un des ports de la Ville ſur le bord de la Seine.

SCENE PREMIERE.
M. RENAUD, MENECHEM.
M. RENAUD.

IL eſt bien difficile de trouver les gens dans Paris, Quoi ! depuis ce matin que je m'informe de tous côtés, je ne puis parvenir à ſçavoir la demeure d'Adrien ?

MENECHEM.

Monsieur, dans un ville bien grand, les personnes qui demeurent ne connoissent point leur proximité.

M. RENAUD.

Quand nous partimes ensemble de Rouen, vous me dites que vous connoissiez tout Paris, & que vous y aviez déja été.

MENECHEM.

Moi connoît toutes les rues, mais non pas tout le bourgeois. Il est ici le port d'où part les batteaux qui vont dans le Normand.

M. RENAUD.

Vois, Nicolas, demande dans le voisinage; Adrien ne sçauroit être logé loin d'ici.

MENECHEM.

Vous avez bien de la curiosité pour voir cet homme-là.

M. RENAUD.

Hélas! il y a douze ans que je lui ai confié ce que j'avois de plus cher au monde.

MENECHEM.

De l'argent?

M. RENAUD.

Je ne serois pas si empressé s'il ne s'agissoit que de cela: c'est une fille unique dont je le fis dépositaire quand je partis pour l'Inde avec ma femme.

MENECHEM.

Vous avez emporté votre femme, & laissé votre fille? je n'aurois point fait cette chose-là.

M. RENAUD.

J'avois mes raisons. Ma femme avoit pour moi toute la tendresse que je pouvois desirer; mais par un malheur singulier elle avoit pris sa fille en aversion. Tout mon bien étoit dans l'Inde, & je ne pouvois en avoir aucune raison sans m'y transporter moi-même. Ma femme ne voulut jamais me laisser partir sans elle.

MENECHEM.

Elle étoit bien courageux.

M. RENAUD.

Ma fille étoit fort petite , & je n'ofois l'expofer au mouvement de la mer. Cet Adrien que je cherche, demeuroit pour lors à Rouen. Il voulut bien prendre foin de ma fille que je lui laiffai avec une fomme affez honnête pour qu'elle ne lui fût point à charge.

MENECHEM.

Et depuis tout le tems vous n'avez pas reçû fon nouvelle.

M. RENAUD.

Si vous fçaviez tout ce qui m'eft arrivé , les différens voyages que j'ai été obligé de faire , les tempêtes, les naufrages , les malheurs, la perte de ma femme, les chagrins de toute efpece ; je ne puis me les rapeller fans être étonné de n'y avoir pas fuccombé moi-même. Enfin j'ai, graces au ciel, raffemblé toute ma petite fortune , & il ne manque plus rien à mon contentement que de retrouver ma fille.

MENECHEM.

J'ai fait auffi des voyages beaucoup. L'an paffé j'ai été dans le Ruffe. Ah, Monfieur ! cette mer Baltique eft une diabolique chofe. J'ai retourné en Angleterre , & puis pour venir ici j'ai paffé par le Normandie.

M. RENAUD.

Et du moins vos voyages ont-ils été avantageux ?

MENECHEM.

Oui , Monfieur , je raporte un petit pacotil fort joli, & je commence demain pour vendre dans Paris.

M. RENAUD.

Voici une femme qui fort, à ce qu'il paroît, de chez elle ; parlons-lui : elle m'aprendra peut-être où loge celui que je cherche.

SCENE II.

MAROTTE, M. RENAUD, MENECHEM.

MAROTTE.

UN riche négociant ! diantre, c'te petite Babet va se donner bien des airs, & Dubois le v'la gros feigneur par fa femme, comme tant d'autres. Il y a des gens bien heureux dans le monde.

M. RENAUD.

Madame, permettez que je vous dife un mot. N'auriez-vous pas ? ...

MAROTTE.

Oh ! j'ai tout ce qu'on peut fouhaiter, Monfieur ; vous venez de loin ? vos habits ne font pas à la mode de Paris : j'en fçai un qui eft tout jufte de votre taille. C'eft un efcroc qui s'en eft allé fans le retirer ; on voudroit s'en défaire, & vous l'aurez à bon compte.

M. RENAUD..

Volontiers, Madame, nous verrons cela : mais connoitriez-vous par hafard un certain Adrien ?

MAROTTE.

Celui qui méne les batteaux à Rouen ?

M. RENAUD.

Lui-même.

MAROTTE.

Si je le connois ? Eh ! je fuis fa coufine germaine.

M. RENAUD.

Eft-il actuellement à Paris ?

MAROTTE.

Oui, Monfieur ; à telles enfeignes, qu'il revint le mois paffé avec trois barques aux huîtres : fi vous en voulez, elles font toutes fraiches.

M. RENAUD.

Ce n'eft pas là ce que je cherche. Et fa maifon eft-elle loin ?

MAROTTE.

Ici tout contre ; mais il eſt en frairie aujourd’hui. Le v’la qui marie ſa fille.

M. RENAUD.

Sa fille ?

MAROTTE.

Il le diſoit comme ça ; mais c’eſt la fille à quelqu’autre.

M. RENAUD.

Et comment le ſçavez-vous !

MAROTTE.

Bon, il a bien fallu qu’il en convînt : nous étions informés de ça, nous autres parens, & ça ne nous faiſoit pas plaiſir. C’te petite fille, qui s’apelle Babet, faiſoit la merveilleuſe ; elle ſe donnoit de certains petits airs. Dame, on n’aime point ces gentilleſſes-là dans une famille.

M. RENAUD.

Quoi donc ! la famille en étoit mécontente ?

MAROTTE.

Tenez, c’t’enfant, moi je lui paſſe : elle eſt jeune, elle eſt jolie, fort bien élevée. Oh ! dame, ça danſe comme un Opera ; ça jabotte avec de petites façons : les hommes trouvent ça charmant ; e’eſt ce qui leur faut. Une petite fille prend de la vanité, ça ſe gonfle, faut voir ! & puis le quartier fait des raiſonnemens.

M. RENAUD.

Elle fait donc mal parler d’elle ! Qu’entends-je ?

MAROTTE.

Il y a tout plein de gens qui ne demandent pas mieux que de médire. Pour moi, je ne crois pas ça, da, car je n’aime pas à mal penſer ; mais c’eſt que ce M. Belhomme le Boſſu, qui eſt le Compere d’Adrien, ça lui eſt reſté de ſa défunte ; car elle avoit toujours comme ça quelque Compere dans ſa manche. Il eſt toujours là, il n’en bouge : encore ſi ce n’étoit que de tems en tems, on n’y prendroit pas garde.

M. RENAUD.

Ah ; ciel ! les difcours de cette femme me percent le cœur : je n'ofe dire que je fuis fon pere. Adrien auroit-il pû fouffrir ....

MAROTTE.

Enfin v'la qui eft fini ; elle fe marie à M. Dubois. C'eft encore ce M. Belhomme qui a patricoté ce mariage-là. Dame, il lui donne tout fon héritage ; ce n'eft pas peu de chofe. Hé bien, ça fera encore jafer, tenez.

M. RENAUD.

Je fuis accablé de douleur. Pouvois-je penfer qu'en retrouvant ma fille, je ferois plus à plaindre que fi je l'avois perdue !

MENECHEM.

Monfieur , il faut confoler. Il arrive cela beaucoup de fois.

MAROTTE.

Qu'eft-ce que vous marmotez-là entre vos dents ? Il femble que vous preniez intérêt à la petite Babet. Connoîtriez-vous fon pere ?

M. RENAUD.

Oui, je le connois.

MAROTTE.

Adrien dit que c'eft un Marchand d'Inde ; ne feroit-ce pas vous, Monfieur ?

M. RENAUD.

Non , non, ce n'eft pas moi ; une femblable fille ne mérite pas que je l'avoue.

MAROTTE.

Et dites-moi donc qui eft fon pere.

M. RENAUD.

C'eft... c'eft cet homme-là.

MAROTTE.

Qui ?

M. RENAUD.

Celui que vous voyez.

MAROTTE.

Ce Barbichet ! Ah, ah, ah ! C'eft donc là ce riche

Marchand ? Pardi en v'la d'une bonne ! Et c'eſt l'homme aux lunettes.

MENECHEM.

Vous connoiſſez moi ?

MAROTTE.

Vraiment. En apportez-vous de bien bonnes, de bien claires ?

MENECHEM.

Excellent. Vous avez de beaux yeux. Mais quand vous ſera vieille, je demande la pratique.

MAROTTE.

Quand je ſerai vieille, tu ſeras en terre, mon ami ; mais voyez donc ce vieux pleutre.

M. RENAUD *en s'en allant.*

Adrien me rendra compte de la mauvaiſe éduca-tion de ma fille. Venez, venez avec moi.

MENECHEM *à Marotte.*

Si vous voulez, moi porte chez vous tout mon marchandiſe.

MAROTTE.

Va-t'en, va-t'en, vilain ; je ne vends point de con-trebande.

SCENE III.

MAROTTE, CATHERINE, ANGELIQUE.

MAROTTE, *un moment ſeule.*

OH ! pour celui-là je ne m'y attendois pas. C'eſt là ce Négociant ſi riche ? Mais je ne conçois pas Adrien ; la tête lui a tourné, & c'te pimpe fouée de Babet, quand elle ſçaura ça, quelle chûte ! comme elle va être camuſe ! Mais dans le fond, c'eſt trop drole. Je ne ſçaurois m'empêcher d'en rire. Ah, ah, ah !

CATHERINE.

Parle donc, Marotte, te v'la bien gaie ?

MAROTTE.

Ah ! la plaifante aventure ! Venez, je m'en vais vous dire ça. Ah, ah !

ANGELIQUE,

Dites donc, dites, Marotte, quelque chofe de nouveau ?

MAROTTE.

Ah ! c'eft tout neuf, je vous le jure. Le pere de Babet, ah, ah...

CATHERINE.

Hé bien, fon pere...

MAROTTE.

Il eft arrivé. Ah, ah, ah !

ANGELIQUE.

Dans un bel équipage ?

MAROTTE.

Un bel équipage ! Sur quelque charette de Poiffi, peut-être bien à pied, s'il a bonne jambe.

CATHERINE.

Bon, à pied, cet homme fi riche !

MAROTTE.

C'eft un joli Seigneur. Je viens de le voir.

ANGELIQUE.

Vous le connoiffez ?

MAROTTE.

Et vous auffi ; pardi, tout Paris le connoît.

CATHERINE.

Qui eft-ce donc ?

MAROTTE.

C'eft.... Oh ! devinez ; je vous le donne en mille.

ANGELIQUE.

Ne nous faites donc pas languir.

MAROTTE.

C'eft ct'homme qui vendoit il y a un an des lunettes dans les caffés, avec fa petite boëte & fa barbiche.

CATHERINE.

Comment ! ce Juif ?

MAROTTE.

Oui, lui même. Mais ça n'eft-il pas comique après

tout l'étalage d'Adrien & de Babet ? Ah ! j'en étoufferai. Ça n'est pourtant pas bien de rire comme ça du mal d'autrui. Mais aussi pourquoi est-ce qu'il arrive des malheurs qui sont risibles ? Et sur-tout quand je songe à l'aventure de ce matin, c'est que le sourire me prend.

ANGELIQUE.

Et ce pauvre Dubois le sçait-il ?

MAROTTE.

Il faudra bien qu'il le sçache tôt ou tard.

ANGELIQUE.

Mais il faudroit l'avertir avant qu'il fit la folie d'épouser Babet.

CATHERINE.

Tiens, Marotte, je ne sçaurois croire ça. Tu fais toujours des contes pour rire ; mais celui-là est trop fort.

MAROTTE.

Je ne fais pas de contes. Ce que je vous disois tantôt, vous avez vu que c'étoit vrai. Hé bien, ce que je vous dis là, c'est tout de même. Je l'ai vu, je lui ai parlé, c'est le pere à Babet, il en est convenu ; c'est son camarade qui me l'a dit.

SCENE IV.

MAROTTE, CATHERINE, ANGELIQUE, DUBOIS, M. BELHOMME.

M. BELHOMME.

AH ! Mesdames, vous voilà toutes trois en grande conversation. Y a-t'il encore quelque histoire ? Là, voyons.

MAROTTE.

Oh ! ça ne sera pas difficile à voir. Vous qui êtes témoin, faudra bien que vous voiyez tout.

DUBOIS.

Et quoi ? Que verra-t'il ? Ce sont des langues de vipere.

MAROTTE.

Il verra ce que j'ai vu. Ce beau Seigneur, ce petit poulet qui vient des Indes, ce pere si riche., je lui ai déjà parlé, moi.

M. BELHOMME.

Où donc? Quand?

MAROTTE.

Ici, tout-à-l'heure. Il apporte de la marchandise. Il me l'a offerte.

M. BELHOMME.

Un Négociant qui revient de ses voyages, peut avoir de la marchandise.

MAROTTE.

Sans doute. Il en porte les échantillons sous son bras. Ce qu'il y a de bon, c'est que le loyer de sa boutique ne lui coûtera pas cher.

M. BELHOMME.

Ces folles-là m'impatientent avec leurs sots propos.

DUBOIS.

Entrons chez Adrien, & laissons-les bavarder.

ANGELIQUE.

Ecoutez-moi, mon cher Dubois. Je n'ai pas le cœur d'en rire, comme elles, & je prends trop de part à votre accident pour vous laisser dans le doute. Le pere de Babet est venu, on l'a vu, on lui a parlé, cela est vrai.

MAROTTE.

Il cherche par-tout Adrien ; il demande des nouvelles de Babet.

M. BELHOMME.

Et sans doute, cela est tout simple.

ANGELIQUE.

Mais vous n'imagineriez pas qui est ce pere? Hélas ! je n'ose presque vous le dire, c'est ce Juif qui vend des lunettes.

DUBOIS.

Quels contes me faites-vous-là ?

CATHERINE.

Oui, avec des petits ciseaux, des tire-bouchons, des boucles d'Angleterre.

DUBOIS.

Mais je ne conçois rien à cela.

ANGELIQUE.

Rien n'eſt plus vrai. Je ne comprends pas Adrien d'avoir voulu vous jouer un pareil tour. Je vous en avertis, prenez-y garde. Tout le monde le ſçaura, jugez les caquets que cela va faire. Tenez, j'en pleure déjà. Adieu, je ne pourrois pas voir votre chagrin ſans me déſeſpérer. Ah ! mon cher Dubois, la bonne foi eſt bien rare ; & quand on l'a trouvée, on ne veut pas s'y tenir.   *Elle ſort.*

CATHERINE.

Votre beau-pere vous intéreſſera dans ſon commerce. Ça vaut plus d'argent qu'on ne croit.   *Elle ſort.*

MAROTTE.

Et quand la vue vous baiſſera pour les écritures, vous aurez des lunettes de la premiere main.

S C E N E V.

DUBOIS, M. BELHOMME.

DUBOIS.

Monſieur, qu'eſt-ce donc que tout ceci ?

M. BELHOMME.

Mais, c'eſt quelque choſe de fort clair, à ce qui paroît.

DUBOIS.

Quoi ! Babet ſeroit la fille de cet homme-là ?

M. BELHOMME.

La façon dont Angélique vous a parlé eſt très-af‑firmative , & elle pleuroit tout de bon ; elle ne fai‑ſoit pas ſemblant.

DUBOIS.

Une auſſi aimable fille ?

M. BELHOMME.

J'en ai vu à Metz d'auſſi jolies.

DUBOIS.

DUBOIS.

Non, je ne sçaurois me le persuader. Eh ! comment, Adrien auroit-il voulu me trahir de la sorte ?

M. BELHOMME.

J'ai toujours cru Adrien un fort honnête-homme ; mais je suis obligé d'en rabattre : car, enfin il disoit d'abord que c'étoit sa fille.

DUBOIS.

Il vouloit la marier comme telle.

M. BELHOMME.

Cela n'étoit pas trop bien. Et puis, quand la mêche a été découverte, il a dit que son pere étoit un riche Négociant, qu'il étoit arrivé à Paris, qu'il le feroit bien voir, & tout cela sans aucune explication bien claire. Hom, cela n'a pas bon air.

DUBOIS.

Comment donc faire ?

M. BELHOMME.

Ne plus songer à Babet, en prendre une autre qui vaille mieux, cela console. Moi qui ai fait les premieres propositions à Madame Griffon pour cette affaire-là, j'étois dans la bonne foi ; mais à présent vous voyez bien vous-même qu'il n'en peut plus être question, & je ne prétends pas être la cause que vous fassiez un sot mariage.

SCENE VI.

BABET, M. BELHOMME, DUBOIS.

BABET.

AH ! Messieurs, vous voilà donc. Quelles nouvelles avez-vous à m'apprendre ? Est-il bien vrai que mon pere est arrivé ? Pourquoi n'est-il pas encore ici ? Je meurs d'impatience de le voir.

M. BELHOMME.

Oui, oui, ma pauvre Babet, vous le verrez.

BABET.

Monsieur Adrien dit qu'il est fort riche ?

M. BELHOMME.

Cela ne se voit pas tout d'un coup ; mais cela pourroit bien être. Il y a des gens qui ne paroiſſent pas.

BABET.

Et quand le verrai-je donc ?

DUBOIS.

Ah ! vous ne le verrez que trop tôt.

BABET.

Comme vous me dites cela d'un air triste ! Y auroit-il encore quelque empêchement à notre mariage ? Eſt-ce qu'il ne voudroit pas ?...

M. BELHOMME.

Mais cela ſe pourroit bien. Ces gens-là ne s'allient pas avec tout le monde.

BABET.

Ah ! quelque riche qu'il ſoit, aura-t'il le cœur aſſez dur pour me rendre malheureuſe ? Monſieur, faites-lui entendre raiſon. Si je perdois mon cher Dubois, je ne m'en conſolerois pas, quelque choſe que l'on pût faire ; le chagrin me mineroit peu à peu, & mon pere auroit la douleur de voir bientôt mourir ſa fille.

DUBOIS.

Ah, Ciel ! que va-t'elle devenir, quand elle ſçaura.... Babet, je ne vous ai point trompée, je vous aime plus que jamais ; mais, je ſuis forcé de vous le dire, nous n'avons plus d'eſpérance.

BABET.

Plus d'eſpérance ! Eſt-il poſſible ?

DUBOIS.

Votre pere.... eſt arrivé.... c'eſt un Marchand, cela eſt vrai... mais ce marchand...

BABET.

A-t'il fait banqueroute ?

DUBOIS.

Non, mais il eſt...

BABET.

Quoi ?

DUBOIS.

On assure qu'il est... un peu...

M. BELHOMME.

Un peu? Oh! très-Juif. On ne peut pas plus Juif.

BABET.

Je ne vous comprends pas.

M. BELHOMME.

Ma pauvre enfant, on ne sçauroit vous le cacher, votre pere le Négociant est de cette Nation-là. Voilà pourquoi Adrien ne faisoit que barguigner là-dessus, sans rien éclaircir.

BABET.

Ah! que dites-vous, Monsieur? Dubois... je suis perdue... j'étouffe.

Elle se jette dans les bras de Dubois.

DUBOIS.

Babet, ma chere amie, reprenez vos sens. Je suis à plaindre autant que vous. Mon cœur ne perdra jamais les sentimens que vous lui avez inspirés. Une autre n'aura jamais mon amour, & dans mon malheur, ne penser qu'à vous, sentir sans cesse que je vous adore, sera la seule consolation à laquelle mon cœur pourra se livrer.

BABET.

Dubois, vous ne doutez pas de ma tendresse. Je vous la conserverai toute ma vie. Je vois bien que je ne puis plus espérer d'être votre femme; mais vous serez toujours l'époux de mon cœur. Jamais aucun homme n'aura de droits sur mes sentimens, & j'irai m'enfermer quelque part, où je ne pourrai plus voir personne.

M. BELHOMME.

On ne vous y recevra peut-être pas.

DUBOIS.

J'apperçois Adrien.

M. BELHOMME.

Tout juste. Votre pere est avec lui; tenez le voilà.

BABET *en s'enfuyant.*

Ah! je ne puis le regarder sans frémir.

SCENE VII.

M. RENAUD, ADRIEN, MENECHEM, DUBOIS, M. BELHOMME.

ADRIEN.

Babet, Babet, où allez-vous donc ? Elle ne m’écoute pas, elle sort en courant, il semble qu’on lui ait fait peur.

M. BELHOMME.

Mais il y a des visages auxquels on ne se fait pas tout d’un coup.

M. RENAUD.

Craindroit-elle de me voir ? Seroit-elle informée des faux rapports qu’on m’avoit fait d’elle ?

DUBOIS.

Hélas ! Monsieur, elle est informée de la vérité. De la maniere dont elle a été élevée, après avoir vécu dans une parfaite confiance, ces événemens-là sont trop frappans pour qu’on les supporte avec tranquillité. (*S’adressant au Juif.*) Ne prenez point cela en mauvaise part, Monsieur, mon dessein n’est point de vous offenser.

MENECHEM.

Offenser, pour moi, Monsieur, je n’ai rien parlé.

ADRIEN.

Non vraiment, C’est, à ce que je crois, Marotte qui a tenu tous ces discours-là ; mais je lui apprendrai bien à se taire.

M. BELHOMME.

Mais dès que cela est vrai, Marotte n’a pas eu tort de nous le dire, & nous ne sommes pas blamables d’en avoir prévenu la petite fille. Il falloit bien, tôt ou tard, qu’elle apprît qui étoit son pere ; & cela n’est pas fort régalant.

M. RENAUD.

Je n'ai pas l'honneur d'être connu de vous, Monsieur ; mais je ne vois pas quel malheur ce seroit pour elle d'être déclarée ma fille.

M. BELHOMME.

Est-ce que vous êtes de ces gens-là aussi vous ?

M. RENAUD,

Que voulez-vous dire ?

M. BELHOMME.

Marotte nous a assuré qu'elle avoit vu ce pere qu'on cherche par-tout, qu'elle lui avoit parlé, & que c'étoit là lui.

M. RENAUD.

Je ne puis la condamner. Si elle l'a dit, j'y ai donné lieu ; mais désabusez vous, Monsieur : celle qu'Adrien a élevée jusqu'ici comme sa fille, est en effet la mienne, & elle n'aura point à rougir de retrouver en moi son pere.

ADRIEN.

Monsieur Renaud que voilà est le Négociant dont je vous parlois.

DUBOIS.

Vous, Monsieur ? Ah ! que je suis content ! *Il sort.*

ADRIEN.

Où va-t'il donc ?

M. BELHOMME.

Il va consoler Babet. Cela est bien naturel.

SCENE VIII.

MAROTTE , CATHERINE , ANGELIQUE , Monsieur RENAUD, MENECHEM, Monsieur BELHOMME, ADRIEN.

MAROTTE.

V'La tout le monde rassemblé, ça me fait plaisir. Hé bien, avez-vous vu votre fille ? N'êtes-vous pas bien aise d'avoir une jolie enfant comme ça ?

ADRIEN.

Taisez-vous, mauvaise langue. Mais voyez comme elle prend plaisir à la méchanceté.

CATHERINE.

Mais où eſt donc la méchanceté ? Parce qu'elle fé-
licite ce Monſieur ; c'eſt ſa fille au bout du compte.

ANGELIQUE.

Finiſſez donc, Meſdames, cela n'eſt pas bien. Pour
moi, je ſuis touchée du malheur de la pauvre Babet,
& je la plains comme ſi c'étoit ma ſœur.

SCENE DERNIERE.

Les Aƈteurs précédens, DUBOIS, BABET.

DUBOIS.

Venez, venez, ma chere amie, ne craignez rien,
Embraſſez votre pere.

BABET *tremblante.*

Lequel eſt-ce ?

DUBOIS.

Le voici.

M. RENAUD.

Oui, ma chere fille, j'ai enfin le plaiſir de te ſerrer
dans mes bras. Qu'elle eſt aimable, & que j'ai de
graces à vous rendre de me l'avoir conſervée !

ADRIEN.

Oui, voilà ton véritable pere ; c'eſt à lui que tu
dois ta tendreſſe ; mais ſonge à celle que j'ai toujours
eu pour toi, & conſerve-moi ton amitié.

BABET.

La joie m'ôte la force de parler. Que je me croyois
malheureuſe ! C'eſt donc vous, Meſdames, qui diſiez
que j'étois la fille d'un je ne ſçai qui ?

M. RENAUD.

Les diſcours qu'elle m'avoit tenus ſur votre con-
duite, me faiſoient rougir d'avouer que j'étois votre
pere ; & c'eſt moi qui dans mon trouble lui ai dit que
vous apparteniez à mon compagnon de voyage.

MAROTTE.

Mais voyez donc ; Monſieur en arrivant commencé par nous faire des caquets ; eh bien , eſt-ce notre faute ?

M. BELHOMME.

Et vous ne les laiſſez pas tomber , vous les ſaiſiſſez à la volée ?

BABET.

Allez , je ne vous pardonnerai jamais les chagrins que vous m'avez donnés.

CATHERINE.

Ne vous fâchez pas comme ça , Babet. Allons , ma petite couſine , embraſſons-nous , & qu'il ne ſoit plus queſtion de rien.

BABET.

Je ne ſuis point votre couſine , Meſdames , & je ne veux voir de ma vie des femmes de votre caractere.

M. BELHOMME.

Vous n'en verrez donc guéres.

MAROTTE.

Entends-tu quel ton ça prend déjà ? Quand Mamſelle ne ſera plus notre couſine , ne ſerons-nous pas bien délaiſſées ? Comme ſi nous n'en avions pas d'autres !

CATHERINE.

Pardi , plus de quatre , & qui la valent bien.

MAROTTE.

Quand il n'y auroit que Fanchonette , ça vaut mieux dans ſon petit doigt , qu'elle dans tout ſon corps. Viens-t'en , viens-t'en , Catherine ; ces Demoiſillons-là , ça ne nous va pas.

DUBOIS.

Graces au Ciel , nous en voilà débarraſſés.

MAROTTE *revenant.*

Sans rancune , mon beau Monſieur , je vous ai parlé de ſt'habit , ça viendra à merveille pour la noce.

MENECHEM.

Elle eſt fort bonne Marchand.

ANGELIQUE.

Ne me confondez pas avec elles , Mamſelle Babet.

Quoique ça tourne contre moi, je vous assure que je suis charmée de votre bonheur.

M. BELHOMME.

Cette petite Angelique me fait pitié.

M. RENAUD.

Vous avez le cœur bon, Monsieur ; je sçai les offres généreuses que vous aviez faites à ma fille ; & quoiqu'elles soient à présent superflues, puisque ma fille est assez riche pour faire un établissement convenable, comptez que j'en conserverai une reconnoissance éternelle.

M. BELHOMME.

Voilà mon bien qui me rentre, je suis d'avis de l'employer. Tenez, Mamselle Angelique, si vous voulez m'épouser, tout sera pour vous.

ANGELIQUE.

Monsieur, vous êtes riche, bon, d'une humeur agréable ; mais vous n'êtes pas Monsieur Dubois.

M. BELHOMME.

Je le deviendrai peut-être, marions-nous toujours.

ADRIEN.

Ne songeons plus qu'à la joie, nous voilà tous contens.

DUBOIS *à M. Renaud.*

Je ne le suis pas encore, Monsieur, & mon bonheur dépend de vous.

M. RENAUD.

J'y consens de tout mon cœur. Babet vous aime, & je détruirois ma propre félicité, si le moment où je retrouve ma fille pouvoit être pour elle un sujet de chagrin.

F I N.